VIE DE S.^T-ORENS.

PÉLÉRINAGE A S.^T-ORENS

DE LAVEDAN.

Par M. Gustave BASCLE-DE-LAGRÈZE.

PAU,

IMPRIMERIE ET LITHOGRAPHIE DE É. VIGNANCOUR.

1847.

VIE DE S.ᵗ-ORENS.

PÉLÉRINAGE A S.ᵗ-ORENS

DE LAVEDAN.

S.t-Orens de Lavedan. — Réflexions préliminaires.

Notre époque a repris goût à l'histoire des Saints dont les pieuses légendes charmaient nos pères. Un des plus beaux monumens littéraires du siècle sera la continuation de l'œuvre des Bollandistes (1), interrompue après avoir produit 50 vol. in-f⁰. Tous les savans qui s'occupent d'histoire ont applaudi à cette vaste entreprise. Les nouveaux Bollandistes font mieux que les anciens : ceux-ci voulaient exclure les documens falsifiés ; ceux-là ont admis faux ou vrais ceux que leur ancienneté recommande en les éclaircissant par la critique.

Quoique pauvres, nos vallées Pyrénéennes ne sont pas dénuées de richesses archéologiques et monumentales. On y retrouve encore des églises Romanes contemporaines de Charlemagne, des temples fortifiés, des chapelles de la renaissance ; d'an-

---

(1) Société de Jésuites qui avait entrepris la publication de tous les documens relatifs à la vie des Saints. Ce nom lui venait de celui de son fondateur, Bollandus.

tiques monastères de Bénédictins. Puis à ces pierres vénérables s'attachent des souvenirs qui en rehaussent le prix, les souvenirs des Saints dont le peuple garde la mémoire. L'agiographie des Pyrénées est ignorée, et cependant elle nous semblerait offrir une grande source d'intérêt. Ne serait-il pas curieux surtout de recueillir la vie des apôtres de nos contrées du III.ᵉ au IV.ᵉ siècle ? Oh ! que l'on conçoit bien comment la vérité historique est mêlée souvent de récits merveilleux ! Au milieu de la dépravation des mœurs romaines, des dilapidations des proconsuls, de l'oppression des curiales, l'invasion fut acceptée en plus d'un lieu comme un soulagement plutôt que comme une calamité. Horribles furent ces temps de transition du monde ancien au monde moderne ! Le désert envahissait les champs, la destruction s'étendait sur les plus riches cités, la mort frappait les plus illustres têtes. « Le peuple, dit un célèbre historien du jour, le peuple se coucha par terre de lassitude et de désespoir, ainsi que la bête de somme se couche sous les coups et refuse de se relever. »

Alors, comme un rayon lumineux sur un noir horizon, comme des anges envoyés du ciel pour jeter un baume sur les plaies de l'humanité, apparurent des âmes divines brillant des plus sublimes vertus. Les grands saints étaient presque toujours de grands hommes. Les peuples ignorans, les Barbares sauvages ne purent expliquer tant de dévoûment que par une intervention surnaturelle. C'est pourquoi, en nous transmettant le souvenir de ces nobles vies, ils se plurent à les surcharger de circonstances merveilleuses. De là, naquit la légende, roman du saint, histoire des mœurs du temps.

Pélérinage Archéologique.

Après avoir parcouru la vallée d'Argelés et traversé le premier pont de marbre jeté sur le torrent à l'entrée de la gorge sombre de Pierrefitte, quittez la route blanche qui conduit à S.t-Sauveur et Barèges les modernes pélerins du plaisir, et comme les pieux pélerins d'un autre âge, prenez le chemin qui monte à Villelongue. Après avoir gravi une pente assez raide, et franchi Ortiac, vous arrivez enfin sur le haut de la montagne. De là, plongez vos regards sur le magnifique panorama qui se déroule sous vos pieds, et dans une profondeur infinie vous contemplerez, encadrée par des monts sublimes, sillonnée par les eaux bleues du gave, la vallée la plus renommée, la plus opulente, la plus belle des Pyrénées. Puis, suivant toujours des sentiers âpres et peu frayés, vous entrez dans le vallon le plus inconnu, le plus pauvre, le plus triste ; c'est le Val des Chèvres, *vallis caprasia*. Les flots du lac d'Isaby qui tantôt s'enfoncent en murmurant dans les précipices, tantôt bondissent en cascades audessus de la route, vous accompagnent partout, et troublant seuls le silence de ces lieux solitaires, donnent un peu de vie à cet austère paysage.

Enfin, après une dernière et rude ascension, vous atteignez un plateau couronné de quelques arbres. De riches prairies annoncent que la terre fut jadis fécondée par la main de l'homme. Au milieu apparaissent les ruines d'un monument antique, vieux de mille ans et contemporain de Charlemagne. A côté du riche édifice qui tombe, on voit de pauvres chaumières qui s'élèvent. Le temple du Seigneur est démoli pour servir à la construction de l'étable d'un troupeau !

Jadis de nombreux visiteurs s'acheminaient en pélérinage vers ces lieux aujourd'hui abandonnés. Les malades venaient y chercher la guérison de leurs souffrances, les mourans demandaient que leurs cendres y fussent transportées pour y reposer à l'ombre des Saints ! Les vieillards de la vallée vous raconteront encore les miracles dont leurs pères et eux-mêmes furent témoins. Lorsque le premier Mai voyait renaître la nature au doux sourire du printemps, du haut des montagnes lointaines, hommes, femmes, enfans, accouraient en foule pour célébrer la fête du Patron de la contrée.

Devant ces ruines qui ont vu passer tant de siècles, l'archéologue s'arrête ; en présence des souvenirs qui les habitent, le chrétien devient rêveur !

Tachons de décrire ce monument pendant qu'il est encore facile de le reconstruire par la pensée

L'église est orientée. Son plan est celui d'une croix latine. Les revêtemens sont de petit appareil. Les matériaux offrent dans leurs dispositions des formes variées et présentent dans certaines parties la construction en arête de hareng (*opus spicatum.*)

Le chevet de la basilique est à trois absides semi-circulaires, dont la voute en cul de four est beaucoup plus basse que celle de la maîtresse nef. L'abside du milieu est plus élevée et plus grande que les deux latérales.

L'église, de petite dimension (environ 24 mètres de longueur), manque de bas-côtés. A l'intersection des transsepts s'élève une coupole carrée dont le dôme, s'il a jamais existé, est détruit. Le grand portail se trouvait au couchant, il a disparu. La place du porche est occupée par les ruines du couvent. La façade occidentale se compose d'un mur épais qui s'élève en pignon au-dessus de l'édifice, c'était un clocher arcade. Quatre baies cintrées, de dimensions différentes et placées sur la même ligne, étaient destinées à recevoir les cloches. Au-dessous apparaît une barbacane.

La sacristie a été ajoutée après coup ; elle est adossée au côté méridional de l'église vers le milieu de la nef. Les revêtemens sont à l'intérieur comme à l'extérieur, à la voute comme aux murs, sans aucune trace d'enduit ou de badigeon. Le sanctuaire domine la nef : il n'y a que trois chapelles absidales. L'abside centrale est percée de trois fenêtres. Deux autres paraissent avoir existé à l'extrémité des transsepts. Toutes celles de l'église sont de médiocre dimension sans ornement ni archivolte ni colonettes ; l'arc qui forme l'amortissement est cintré. La voute de la nef forme un berceau également à plein cintre soutenu à chaque travée par un arc doubleau saillant. La voute est défoncée dans la dernière travée, l'aire est couverte de décombres.

Rien n'est resté de l'ancienne ornementation de l'édifice. Seulement un bénitier sauvé de la destruction, orne l'église d'Ortiac.

La piscine est soutenue par cinq colonnettes dont l'une, est en arrière plan, les chapiteaux historiés représentent des feuilles entablées avec des têtes sculptées, portant la couronne de moine. Des figures en empâtement décorent la base.

Deux bustes en bois peint et sculpté conservent les reliques et offrent l'image de S.t-Orens et de S.te-Patience sa mère. Ils sont encore exposés dans la chapelle de Villelongue à la vénération populaire.

A quelle époque fut fondée l'église dont nous étudions les ruines ?

Le baptême de Clovis, au V.e siècle, donna le signal de l'édification d'un grand nombre de temples et de monastères. La piété de ses successeurs se déploya dans la construction de monumens religieux; on sait avec quelle magnificence les décorait S.t-Eloi au VII.e siècle. Après les Rois Mérovingiens , Charlemagne donna une impulsion nouvelle à l'art architectural. Il enjoint dans les capitulaires d'entretenir avec soin les églises, les chapelles, les établissements claustraux, et les peintures murales qui les ornaient. On assure qu'il n'existe pas en France d'église antérieure à cette époque. Les basiliques primitives furent rebaties parce qu'elles étaient devenues trop petites pour le nombre de fidèles , parce qu'elles avaient été détruites par les invasions ou ruinées à cause du défaut de solidité.

Aucune de ces trois causes n'a pu influer sur la chapelle de Saint-Orens, assez grande pour les besoins du pays, assez solide pour braver le temps , assez retirée pour échapper aux invasions.

La plus ancienne église de nos montagnes dût être construite aux lieux où le saint le plus ancien de la vallée bâtit son oratoire. Un titre de 820 que nous possédons constate la donation de divers ornemens faits à la chapelle par l'aïeule du premier Roi de Navarre.

Voilà donc un édifice au moins contemporain de Charlemagne, s'il ne remonte pas plus haut.

Que ce monument d'un autre âge ne soit pas dédaigné parce qu'il se cache dans la solitude , car , ainsi que l'a dit un archéologue distingué : « les hommes qui s'occupent d'archéologie ont eu jusqu'à présent le tort de suivre les grandes routes et de borner leurs études aux monuments des villes.»

Puis là , sur ces hautes montagnes qui voient tout changer autour d'elles et qui ne changent jamais, sur ces ruines, vénérables témoins de la piété de nos pères, sur cette terre foulée par tant de générations disparues, la pensée aime à recueillir dans ces lieux bénis un souvenir de sainteté et de vertu toujours vivant après tant de siècles écoulés.

Ecoutez l'histoire légendaire de l'ermite des Pyrénées qui trouva l'immortalité dans un vallon solitaire où il ne cherchait que l'obscurité profonde.

§ 1. Naissance de Saint-Orens, à Huesca.

Saint-Orens (1) reçut le jour en Espagne, à Huesca, jadis Osca (2) sous les Romains, ville si antique qu'elle se vante d'une origine antédiluvienne. Sa famille était riche des biens de la terre et de vertus surtout ; son père se nommait aussi Orens et sa mère Patience

La tradition donne à notre Saint un frère nommé Laurent (3) ; elle indique encore, après 15 siècles, l'emplacement occupé par la maison (4) natale de ces deux prédestinés. Là, s'élève aujourd'hui un temple dédié à Saint-Laurent.

---

(1) Il existe deux vies de Saint-Orens : l'une dans un ancien livre écrit à la main, appelé *Sanctorale*, était conservée à la Bibliothèque de Saint-Dominique, à Toulouse ; l'autre se trouvait entre les mains des Religieux de Sainte-Croix, appelée de Saint-Orens de Toulouse. Nous avons puisé surtout de curieux détails dans celle du D. Diego de Aynsa, qui avait consulté les plus anciens breviaires de France et d'Espagne. Le Martyrologio Reformado dit peu de choses de ce Saint. Voir aussi Godescard 1 mai, les Bolland. Bail, Gall. Christ. nov. t. 1. 973, etc.

(2) Ptolémée, Plutarque, Jules César, Tite-Live, Pline, parlent de cette cité dont on trouve fréquemment dans nos vallées des médailles antiques.

(3) Les manuscrits d'Auch, le Flos Sanctorum et Francisco Diego de Aynsa, etc., racontent que S.ᵗ-Laurent était frère de S.ᵗ-Orens ; que Sixte II s'était réfugié dans leur famille, à Huesca ; mais S.ᵗ-Laurent souffrit le martyre bientôt après Sixte II, en 259, et Orens vivait encore en 420. Cette erreur, quoique accréditée en Espagne par la tradition, est donc évidente.

(4) Hay tradicion muy antigua, y continuada hasta nuestros tiempos, en esta ciudad de Huesca, que estavan las casas, donde estos Sanctos nacieron en el proprio lugar que está huy la Iglesia del invicto martyr S. Lorenço. D. de A. p. 2.

Le jeune Orens grandit béni dès le berceau par le Seigneur, qui écoute toujours les prières d'une mère chrétienne. Son intelligence fut cultivée avec autant de soin que son cœur.

Huesca possédait alors une université (1) aussi ancienne que renommée ; c'est là qu'il acquit les trésors de science dont il aurait fait mystère aux hommes, si Dieu ne l'avait mis dans l'obligation de les montrer. De bonne heure, on le vit se distinguer par la précocité de son génie, l'ardeur du travail et l'amour de la solitude. Comme la sainteté est la première condition exigée pour le sacerdoce, il en fit tant paraître, qu'avant l'âge ordinaire il fut admis à recevoir les ordres sacrés.

Son père possédait, à deux mille de Huesca, une maison de campagne nommée Loret. L'église de N.-D. de Loret en conserve de nos jours la place et le souvenir. C'est là qu'aimait à se recueillir loin du monde une sainte famille consacrée au culte de toutes les vertus des chrétiens primitifs.

Bien jeune encore, Laurent, d'après la légende, avait échangé sa vie mortelle contre la palme du martyre.

Patience n'avait pu lui survivre et s'était endormie dans le Seigneur. Sainte mère de deux Saints, ses cendres reposent en Espagne dans la chapelle élevée à l'un de ses fils, et son nom, mêlé au souvenir de l'autre, vivra éternellement en France, au fond de nos vallées.

§ 2. Saint-Orens, ermite de Lavedan.

C'était le temps où l'exemple des Paul et des Pacômes peuplait les solitudes de pieux anachorètes ; c'était, suivant l'expression d'un grand écrivain de notre siècle, le temps de la renommée du désert. Au milieu des malheurs, des guerres, des désordres, des crimes d'une époque barbare, quelques âmes pieuses, appelées par des voix du Ciel, s'empressaient de fuir le monde pour s'abriter sous l'aile du Seigneur.

---

(1) Sertorius, suivant Plutarque, y avait établi une Académie.

Un soir que le vieil Orens prolongeait sa prière sur la tombe vénérée de Sainte-Patience, il lui sembla voir apparaître un Ange qui lui commandait de quitter ses amis, ses terres, sa maison, sa patrie, pour le suivre avec son fils dans des lieux inconnus.

Le lendemain, le jour paraissait à peine, que l'ange était obéi.

Orens et son fils ne résistèrent pas un instant à la vocation mystérieuse qui les attirait dans de nouvelles voies de salut. Et ils partirent avec le bâton du pélerin, sans s'inquiéter des dangers du voyage.

A travers les montagnes inaccessibles, à travers les sentiers suspendus au bord des précipices, quel guide les empêcha de s'égarer dans les vastes forêts ou de tomber dans les profonds abîmes?

L'esprit de Dieu sous la forme d'un bras (1) visible allait devant eux pour leur indiquer la route.

Le Seigneur a-t-il jamais abandonné sur la voie ceux qu'il appelle? Ne sait-il pas, quand il veut, faire marcher une nuée lumineuse au-devant de son peuple ou allumer une étoile sur la tête des Mages pour les conduire à Bethléem!

Nos pères, en les voyant venir, regardèrent comme un don du ciel la présence de deux saints. Qu'on ne rie pas de leur simplicité! Si de nos jours, deux nobles étrangers se séparaient de leur pays et de toutes les douceurs de la vie, pour aller dans une contrée sauvage se dévouer à toutes les privations, afin de soulager toutes les infortunes, par amour de l'humanité, par ambition unique de faire obscurément le bien, ne pourrions-nous pas aussi crier au miracle?

Dans ce temps là, le soleil de l'Evangile se levant sur l'horizon luttait encore contre les nuages qui lui disputaient la pleine possession des cieux.

S.t-Orens et son père s'arrêtèrent aux pieds des monts de la Bigorre. Ils vivaient solitaires, ils se cachaient; mais leur bienfaisance et leur charité révélèrent bientôt leur présence.

Cette vallée d'Argelès, aujourd'hui parée de toutes les

______

(1) A los quales rodeo luego una luz del Cielo y *una mano* que yba delante guiandolos hasta que llegaron al valle de Labedan.
Diego de Ayasa.

magnificences d'une riche culture , était beaucoup moins riante à cette époque ; elle parut cependant trop peu sévère à notre jeune anachorète.

Il lui sembla qu'il devait à Dieu d'autres sacrifices et que vivre dans ce beau séjour avec un père adoré, ce n'était pas se mortifier. Aussi, prenant les sentiers de Villefongue, il gravit de hautes montagnes et fixa sa demeure dans une arrière solitude au bord du torrent, dans la vallée triste , étroite, sauvage d'Isabi. Là , dans une retraite profonde, il put satisfaire en paix cette mélancolique et religieuse passion de la pénitence et de la prière. Une piété égoïste ne lui fit pas cependant abandonner complètement son vieux père , qu'il allait parfois visiter, et les hommes qu'il cherchait toujours à secourir.

L'isolement de son refuge lui permettait l'existence contemplative, mais son voisinage des lieux habités lui offrait le moyen de se rendre utile à l'humanité.

Les habitans des campagnes (Pagani) (1) dont l'esprit tient avec toute l'obstination de l'ignorance aux habitudes routinières , aux préjugés de l'enfance, n'abandonnèrent le culte de l'idolatrie que long-temps après la conversion des villes. S.t-Orens devint l'apôtre de nos montagnes reculées , il alluma pour la première fois ou ralluma partout parmi les aïeux de la vallée le flambeau civilisateur de l'Évangile. L'exemple de ses vertus dissipait les ténèbres des cœurs. Il prêchait aux fiers enfans des Pyrénées l'amour des hommes au nom de l'amour de Dieu.

Les intérêts moraux du pays ne lui firent pas négliger ses intérêts matériels. La contrée était privée d'un moulin dont l'absence se faisait cruellement sentir. Orens, soutenu par la foi, ne se laissa pas décourager par l'inutilité des efforts essayés avant lui. Les eaux de l'Isabi avaient paru jusqu'alors insuffisantes , mais elles suspendirent quelque temps leur cours, pour jaillir ensuite avec une abondance inac-

---

(1) Le mot Paganus est employé par les auteurs latins dans le sens de villageois jusqu'au III.ᵉ siècle. Dans le IV.ᵉ, il prend la signification de payen ou idolâtre, parce que sous les Empereurs chrétiens le culte des idoles n'avait plus d'adorateurs que dans les campagnes.

coutumée, et l'usine bâtie par le saint pourvut aux besoins du vallon.

Une tradition populaire raconte que sept siècles s'écoulèrent sans que l'œuvre du saint eût exigé la moindre réparation.

Aujourd'hui encore, demandez au pâtre de la vallée le moulin de S.t-Orens et il vous en montrera, au bord du torrent, les ruines antiques.

Non loin de là, faites-vous indiquer la grotte habitée il y a plus de mille ans par notre ermite! A côté vous verrez une pierre où il s'agenouillait devant le Seigneur. La prière l'a usée! Que de générations éteintes sont venues tour-à-tour prier sur la pierre où priait un saint!

Dans un lieu moins sauvage, auprès d'une fontaine, où la légende retrouve encore les traces d'Orens, gravées sur roc, il avait élevé un modeste oratoire. C'est là qu'un monastère et une basilique furent bâtis sous son vocable, pour éterniser sa mémoire en continuant ses oraisons et ses bonnes œuvres.

A travers les ruines de ce monument qui seul (1) dans nos montagnes échappa aux ravages des Normands, et qui n'a pu résister au vandalisme révolutionnaire, sous ces voutes vénérables, que la main de l'homme, plus impitoyable que celle du temps, démolit pièce à pièce, au milieu du silence qui habite ces murs abandonnés, où retentissaient jadis des hymnes incessants, un pieux recueillement saisit l'âme émue au souvenir des jours qui ne sont plus!

Orens s'occupait de la culture de la terre. C'est ainsi que S.t-Antoine, S.t-Macaire, S.t-Hilarion donnaient quelques heures à des travaux manuels (2). Les fruits qu'il avait fait naitre étaient sa nourriture, l'eau du ruisseau sa boisson; dans sa triste cellule il couchait sur la dure, ayant pour oreiller une pierre, mais sans doute aussi sur cet oreiller de Jacob il devait apercevoir l'échelle mystérieuse des anges qui unissent la terre au ciel!

---

(1) Hist. de la Gascogue, t. i, p. 339.

(2) On lui a fait honneur de l'origine des *poires de bon Chrétien* si renommées à Auch.

Chaque jour, Orens ceint d'une chaine de fer gravissant une haute montagne, se plongeait dans les eaux glacées d'un lac, où il récitait 150 psaumes de David.

Cette chaine de fer (1), sanctifiée par le solitaire des Pyrénées, avait parmi nos pères la renommée des miracles ; soigneusement recueillie, elle fut partagée comme une relique précieuse. On en conserve encore un fragment dans un reliquaire que l'église de Villelongue a retiré du monastère détruit.

Le lac (2) que le Saint visitait n'existe plus, mais on vous dira dans le pays à quelle époque son lit desséché fut converti en riches et vastes prairies.

Si les austérités d'Orens étaient grandes, elles l'étaient moins que ses miséricordes pour le prochain.

Les pauvres de la montagne, les malheureux affligés par les infirmités du corps ou de l'âme venaient frapper à la porte de l'ermite et se retiraient guéris et consolés ! Dans sa cellule, que de cœurs flétris par le souffle des passions refleurirent à la vertu, rafraîchis aux sources vives de la Foi !

La renommée du solitaire, Providence des Pyrénées, se répandit au loin et les populations voisines se réunissant en foule accoururent, un jour, pour venir rendre hommage à l'apôtre de la vallée ! Orens s'effraya de l'idée de recevoir de la main des hommes une autre récompense que celle qu'il avait espérée de la main de Dieu. Les honneurs, il les évitait avec autant d'ardeur que l'on en met à les rechercher. Aussi, prend-il la fuite. La reconnaissance populaire, loin d'être contenue par les alarmes de sa modestie, n'est que plus excitée à le poursuivre. Trahi par la trace de ses pas, il ne peut échapper, ses forces s'épuisent ; mais sa confiance en Dieu ne l'abandonne pas. Au moment où l'on croit l'atteindre, il a disparu..... Une montagne inacces-

---

(1) Le P. Montgaillard en parle en ces termes : Cathena vero illa quâ pro cingulo, Beatus Orientius utebatur, plane admirabilis etiam nunc apud nos permanet bissecta tamen : levitani monachi partem, partem aliam crucigeri Tolosates asservantur, plane inquam admirabilis quotidiè cernitur ad energumenorum incolumitatem, etc.

(2) Ce lac desséché forme une riche prairie de dix hectares environ : on nomme ce lieu *las Prades.*

sible vient s'interposer entre le Saint et ceux qui le suivent, et ceux-ci, dans l'étonnement de cette disparition miraculeuse, s'arrêtent devant un abime qui leur défend d'aller plus loin.

Pour repousser les tentations de la vanité humaine, notre solitaire rechercha une retraite plus profonde. Contemplateur des œuvres divines, au milieu des frappans contrastes des hautes montagnes, tantôt majestueuses et sombres, tantôt gracieuses et riantes, toujours imposantes et sublimes, il peuplait la solitude de ses pensées ; il croyait y entendre la voix de Dieu, et son âme s'abandonnait aux ravissemens de l'extase et aux énivremens de la poésie. C'est alors peut-être qu'il composa un poème (1) en deux chants, parvenu jusqu'à nous, et qu'un professeur moderne (2) appelle *une sorte de guide vers le Ciel, écrit avec une douce et sainte mélancolie.* Il fuyait les grandeurs pour être saint, les grandeurs vinrent le chercher à cause de sa sainteté.

§ 3. Saint-Orens, Evêque d'Auch.

Vers cette époque mourut Saint-Ursinien (3), évêque d'Auch. La ville entière fut désolée comme une famille qui se voit enlever un père. Dans ce temps là, qui est bien loin de nous, les honneurs de l'église n'étaient pas sollicités par l'ambition ; on les offrait à la vertu qui les acceptait non avec joie, mais avec résignation. Suivant un antique usage remontant aux apôtres et répandu dans les Gaules, l'évêque était nommé par l'assemblée entière des fidèles, clercs et peuple. Jusqu'au XII.ᵉ siècle cette forme a persisté. Il est juste, dit le Concile d'Orléans, que celui qui doit être préposé à tous soit élu par tous (4). Et pour le dire en

---

(1) Ce poëme a pour titre Commonitoire ou Avertissement. Il se trouve dans la collection de Dom Martenne, lequel l'avait trouvé dans un cahier de l'Abbaye de S.t-Martin-de-Tours. Dom Brugelle le rapporte à la page 4 de ses preuves qui font suite à ses Chroniq. Eccles. du diocèse d'Auch.

(2) Duquesnel, Hist. des Lett.

(3) Gallia Christ.

(4) *Quia æquum est ut qui præponendus est omnibus ab omnibus eligatur.*

passant, n'est-ce pas chose remarquable de voir l'église conserver intact au milieu même du principe héréditaire de la féodalité, ce principe électoral qui ouvrait une carrière si vaste aux capacités populaires?

Auch était une ville chrétienne. On ordonna, pendant trois jours, un jeûne général et des prières publiques pour implorer du ciel la grâce du choix d'un bon pasteur. Les prêtres, les fidèles assemblés crurent que leurs supplications avaient été entendues et obéissant à une céleste inspiration, ils élurent un étranger inconnu, caché au fond des montagnes, le jeune Orens, l'ermite des Pyrénées.

Et voilà qu'aussitôt des députés s'acheminèrent pour aller à la recherche du nouveau prélat. Arrivés dans la vallée du Lavedan, ils découvrirent son ermitage. Ils le trouvèrent cultivant la terre. Aussitôt s'inclinant avec respect devant lui, ils le saluèrent du nom d'évêque et lui racontèrent le motif de leur voyage. Le saint fut aussi surpris qu'effrayé de cette nouvelle qui venait l'arracher au désert où il comptait ensevelir sa vie dans l'obscurité et la contemplation. Cincinnatus laissa volontiers la charrue pour les honneurs; le héros chrétien refusa de la quitter, il essaya de fuir, et il fallut l'empêcher de se dérober ainsi aux sollicitations qui l'entouraient. Dieu, lui disait-on, avait participé merveilleusement à son élection à l'épiscopat. Dieu l'appelait, il devait obéir. Alors, tombant à genoux, il se mit à prier, il demanda au Seigneur que si sa volonté lui prescrivait l'abandon de sa retraite, un signe de l'ordre divin se manifestât à ses yeux. Voilà que, pareil à la verge d'Aaron, l'aiguillon qu'il tenait à la main se couronna tout-à-coup de verdure et de fleurs.

En présence de cette miraculeuse révélation, des intentions divines, toute hésitation devenait criminelle, il fallait partir, suivre au loin les envoyés auscitans et dire adieu à notre vallée si pleine de recueillemens et de silence !

A son entrée dans son diocèse, d'unanimes acclamations accueillirent l'humble solitaire. L'on rapporte que tous les malades de la ville furent subitement guéris. La vénération populaire qui s'attachait à son nom se perpétue encore, elle sera éternelle comme le souvenir de sa vertu !

Les circonstances de son élection ont été diversement racontées par les légendaires; mais son avénement au trône épiscopal d'Auch est de certitude historique. Orens le père, privé de son fils, reçut dans son cœur l'avertissement secret de rentrer dans sa patrie. Il revint à sa maison si long-temps abandonnée et la bonté de Dieu signala son retour en accordant aux prières du vieillard la cessation d'un fléau qui désolait les campagnes d'Huesca.

La pensée du ciel consola l'isolement de ses dernières années et après avoir épuisé en œuvres pieuses les jours qui lui avaient été comptés, il alla rejoindre sa femme Patience dans la tombe et dans le séjour des Saints.

L'évêque d'Auch avait une tâche difficile à accomplir : il se montra à la hauteur de sa dignité nouvelle. Comme beaucoup de solitaires des anciens temps, il rehaussait son humilité chrétienne par une intelligence supérieure. Les longues heures de la solitude, les sublimes méditations d'une âme seule avec elle-même, tout avait agrandi son génie et développé en lui de hautes perfections morales. Pasteur dévoué à la garde de son troupeau, il savait humilier les superbes et relever les humbles ; sévère pour les moindres fautes des ecclésiastiques, il luttait avec énergie contre l'introduction des abus qui auraient pu troubler la pureté des mœurs primitives de l'église. Ardent ouvrier de l'Evangile, il remporta sur l'erreur de nombreux triomphes avec les armes de la vérité. Plusieurs temples d'idoles tombèrent devant lui, et ses pieuses conquêtes, souvent achetées par d'amères persécutions, soumirent à la croix du Christ de nombreux infidèles.

La renommée de ses vertus lui attirait chaque jour des hommages qui éprouvaient sa modestie. La responsabilité de ses devoirs inquiétait sa conscience. Il se prit à regretter le désert avec ses austérités et ses extases, les montagnes avec leurs sublimes horreurs et leurs profondes retraites. Cédant à l'attrait d'un complet renoncement au monde, il s'enfuit un jour vers nos Pyrénées pour y reprendre sa grotte et sa chaîne de fer, pour y continuer sa sainte mission de prière et de charité.

Avec quelle douce joie dans la vallée d'Isaby notre saint se livra tout entier à ses nobles pensées!

Il était seul, il conversait avec le ciel, et il lui semblait que les regards du Seigneur se reposaient sur lui avec
plus de bonté !

Les Auscitains désolés de l'avoir perdu, envoyèrent en
Bigorre une députation pour lui exprimer la douleur causée
par son absence. Les sollicitations les plus pressantes ne
pouvaient rien sur son esprit. Pour échanger la robe de
l'ermite contre les ornemens de l'épiscopat, pour vaincre
ses penchans pour la solitude et l'obscurité, il fallut encore
qu'une révélation divine lui enjoignit d'aller reprendre le
fardeau qu'il avait cru pouvoir déposer.

Il dit adieu pour la dernière fois aux Pyrénées, léguant
à la vallée, l'esprit de pauvreté, l'amour de Dieu, la pénitence, la prière, la charité, fleurs divines qui brillèrent
pendant plus de mille ans à l'ombre d'un modeste monastère, sur la haute montagne bénie par sa présence !

§ 4. Saint-Orens libérateur de Toulouse.

L'Eglise d'Auch était heureuse d'avoir retrouvé son pasteur (1). Orens avait souhaité dès son enfance de vouer sa vie
à une obscurité profonde, mais Dieu voulut faire tomber
sur son déclin un vif rayon de gloire, afin que l'histoire
en conservât à jamais le souvenir. Toulouse subissait la
domination des Wisigoths. Leur Roi Théodoric avait pris
le sceptre en 419. Loin de rechercher l'alliance des Romains,
il n'avait pas craint de se mettre en guerre avec eux.
Il osa les attaquer sous les murs d'Arles, défendus par
Aëtius, et sous les murs de Narbonne défendus par Littorius. Son courage trahi par la victoire essuya un double
échec. Une vengeance terrible vint bientôt le menacer dans

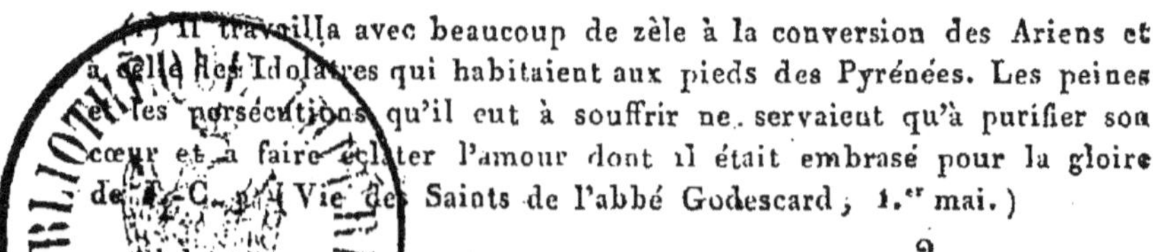

(1) Il travailla avec beaucoup de zèle à la conversion des Ariens et
à celle des Idolâtres qui habitaient aux pieds des Pyrénées. Les peines
et les persécutions qu'il eut à souffrir ne servaient qu'à purifier son
cœur et à faire éclater l'amour dont il était embrasé pour la gloire
de J.-C. (Vie des Saints de l'abbé Godescard, 1.er mai.)

sa propre capitale. Les armées Romaines des deux généraux se réunissent, et entourent Toulouse d'une coalition formidable. Théodoric a compris que toute résistance devenait impossible. Il implore la paix ! Ses propositions sont rejetées. Il demande grâce ! Grâce est refusée. La ruine et le pillage d'une riche cité, reine du Midi, ont été irrévocablement résolus.

Comment écarter ce redoutable orage ? Nulle puissance humaine ne semblait capable de le conjurer ?

Dans ce temps là, les évêques, les vierges saintes, sans d'autres armes que leur renom de piété, sans d'autre ascendant que leur auréole de vertu, apparurent souvent, comme des anges de paix au milieu des horreurs de la guerre et obligèrent de s'embrasser comme frères ceux qui allaient s'égorger comme ennemis. Ainsi Rome dut son salut à S.t-Léon, Troyes à S.t-Loup, Orléans à S.t-Aignan, Paris à S.te-Geneviève.

Toulouse mit son espoir dans Orens ; celui-ci, à la tête de quelques évêques, se rend au cri d'alarme de la ville assiégée.

Il s'empresse d'aller trouver Aëtius, dont le nom figure glorieusement dans les premières pages de l'histoire de France. La colère du général Romain, que n'avait pu vaincre les propositions d'un Roi s'humiliant avec son armée, tomba devant les cheveux blancs d'un ministre de Dieu. Saisi à l'aspect d'Orens d'un profond respect pour son caractère épiscopal et pour sa sainteté surtout, le guerrier descend de cheval, reçoit avec honneur le Prélat, et pour prix du sacrifice de sa vengeance, ne réclame que des prières.

Toulouse cependant n'était pas encore délivrée. Littorius réservait à notre saint un accueil bien différend. Lorsque l'évêque chrétien entra dans son camp, aucun hommage ne lui fût rendu. Ses nobles paroles ne purent toucher le cœur du guerrier idolâtre. L'orgueil le rendait inflexible. En saisissant une victoire facile que laissait échapper Aëtius, il comptait éclipser un rival dont il était jaloux. Aussi repoussa-t-il la paix, car il voulait la guerre et une guerre de destruction et de mort.

Il a consulté ses oracles, ses devins, ses augures. Ils lui

ont promis le succès, ils l'ont trompé comme il méritait de l'être. Saint-Orens, par ses exhortations, ranime le courage abattu de Théodoric. Les Romains plaçaient toute leur confiance dans leurs propres forces, les Toulousains toute leur espérance en Dieu (1). Le peuple entier s'est mis en prières. Le Roi lui-même a revêtu le cilice de la pénitence ; mais après s'être prosterné devant le Seigneur, répentant et humble, il se relève devant les hommes fier et terrible ! Plein d'une ardeur inconnue, excité par l'espoir d'une divine assistance, il ne compte plus ses ennemis, il marche au-devant d'eux, il attaque, intrépide, les légions de Huns qui faisaient la force de l'armée Romaine et l'épouvante du monde !

Pendant la sanglante mêlée, Orens levait vers les cieux ses mains pacifiques et priait. Tout à coup, un nuage providentiel s'élève, enveloppe Littorius et le pousse, à son insu, vers une porte de la ville, cachée à ses yeux par un épais brouillard. Le farouche général est fait prisonnier : la victoire long-temps incertaine se décide enfin pour Théodoric qui rentre triomphant dans Toulouse sauvée (2).

Cette bataille dont les détails nous ont été conservés par Idacius, Salvien et des écrivains du temps, termina la guerre

---

(1) Salvian a raconté cette journée avec une désolante richesse d'antithèses.

Cum Gothi metuerent, nos præsumpsimus ; nos in viribus spem ponere, illi in Deo ; cum pax ab illis postularetur, à nobis negaretur ; illi Episcopos mitterent, nos repelleremus, illi in alienis sacerdotibus Deum honorarent, nos etiam in nostris contemneremus, ita illis data est in summo timore palma, nobis in summa elatione confusio, illis exultatio data est pro humilitate, nobis pro elatione dejectio, namque agnovit ille Dux nostræ partis qui eamdem urbem hostium, quam eodem die victorem se intraturum esse præsumpsit, captivus intravit, qui prædatoris habuit fiduciam, præda factus est, triumphum præsumens triumphus fuit, etc., etc.

(2) Voir notamment :
S.ᵗ-Prosp. et Salv., l. 7, p. 164.
Jorn, c. 34.
Idat., apud Ser., p. 302.
Valer. Rer. Franc., l. 3, p. 140 et seqq.
Boll. 1 Maii, p. 61.

Gothique. Elle eut lieu vers la 14.e année de l'empire de Théodore fils d'Arcadius, et 422.

Le Roi, l'armée, la ville entière attribuèrent le succès inespéré de cette glorieuse journée à l'intervention du Saint. La reconnaissance Toulousaine, toujours vivante après plus de mille ans, se manifestait par de publics hommages. Castel rapporte que chaque année jour de la fête de S.t-Orens, les capitouls assistaient à une procession solennelle instituée en mémoire du Libérateur de Toulouse. Encore de nos jours, ses reliques recueillies avec quelques autres, dans les cryptes de S.t-Sernin, sont tous les ans, promenées processionnellement dans la ville. Lafaille (1) nous apprend que son image fut élevée sur la porte Matebœuf.

§. 5. Mort de Saint-Orens.

C'est ainsi que la gloire qu'Orens avait toujours évitée venait répandre un impérissable éclat sur ses derniers jours. Depuis cette époque, le vénérable Prélat mena sur la terre une vie d'ange. Sentant sa fin prochaine, le corps usé par l'âge, l'âme fortifiée par la religion, il reçut avec foi et amour, les sacremens divers qui préparent au voyage de l'éternité.

« Le Christianisme, dit M. Michelet, entre toutes les religions a aimé la mort, il l'a embellie à plaisir, l'a parée tendrement comme une sœur que l'on mène à l'autel. Il a fait mieux il lui a changé son nom, il a juré qu'elle était la vie ; il a appelé ce dernier jour : *natalis dies — non moriar sed vivam et narrabo opera Domini!* »

Oh ! que l'on aime à lire dans les naïves légendes d'un autre temps le récit de la mort du Juste! Quelles gracieuses images rayonnent sur ces momens suprêmes, si remplis pour nous de sombres terreurs !

Orens avait travaillé toute sa vie à se préparer à mourir. L'heure des privations et des souffrances était passée, il allait recueillir la récompense après laquelle tant il soupirait! Ses lèvres expirantes venaient de recevoir pour la dernière fois le pain Eucharistique ; alors, une vision miraculeuse lui

---

(1) *Annales de Toulouse*, in-4.° t. 1, p. 27—28.

montra J.-C., entouré d'une multitude d'anges, qui l'appelaient à venir prendre sa place marquée au ciel ! Deux témoins purent jouir de cette lumineuse apparition. Et aussitôt une odeur pleine de suavité céleste embauma ces lieux, et le Saint mourant forma le vœu que la ville qui allait être gardienne de son tombeau fut toujours à l'abri des ennemis de la foi, et de mystérieuses voix d'en haut promirent que ces désirs seraient accomplis! Et c'est ainsi qu'au milieu de conversations mystiques avec Dieu, son âme s'envola vers le séjour des bienheureux !

Son tombeau (1), objet d'une vénération séculaire, fut signalé par d'éclatans miracles, confirmation divine de la sainteté d'Orens.

§. 6. Reliques de Saint-Orens.

Huesca qui l'avait vu naître, Auch qui l'avait vu mourir, le Lavedan qui avait vu ses abaissemens, Toulouse qui avait vu sa gloire, se partagent ses reliques.

La ville d'Auch, dépositaire de ses restes mortels, refusa long-temps, d'en céder la moindre partie. Dans les premiers siècles chrétiens les évêques, les papes (2), n'auraient point osé pour les empereurs eux-mêmes diviser les ossemens des martyrs.

Toulouse qui avait élevé une chapelle à son libérateur obtint des reliques d'Orens, le 12 juillet 1354, ainsi que le raconte un vieux cartulaire d'Auch. Catel et le P. Montgaillard rapportent qu'on célébrait tous les ans une fête commémorative de leur translation. De la chapelle dont nous avons parlé, elles passèrent au couvent de S.te-Croix ; elles repo-

---

(1) Il fut enseveli dans l'oratoire de St-Jean-de-l'Aubépine, Sancti Johannis Albispinei, qui changea son nom contre celui de S.t-Orens. Une chapelle, debout encore, est devenue l'Eglise de l'Immaculée Conception. Hist. de la Gasc., par l'abbé Moulezun, t. 1, p. 74.

(2) St-Grégoire-le-Grand (liv. 3) raconte que l'impératrice Constance Augusta, lui ayant demandé un os de Saint-Paul pour le déposer dans le magnifique temple qu'elle faisait construire à Constantinople, le Saint Pape lui répondit : Se mærore fuisse confectum eo quod quæ illa petebat facere nec posset nec auderet.

sent aujourd'hui dans la belle église de S.t-Sernin. Toujours vénérées, elles sont encore en grand renom parmi les âmes pieuses.

Nos Pyrénées, conservent religieusement aussi dans l'église de Villelongue, deux reliquaires représentant l'image et contenant des restes de S.t-Orens et de S.te-Patience sa mère. Là se trouvent quelques ossemens accompagnés d'une authentique : une dent, une petite boîte renfermant des cheveux, une bourse, un morceau de chaîne de fer, souvenirs antiques dignes d'un éternel respect.

La Bible attribue aux ossemens des douze prophètes (1), à ceux d'Elisée, la vertu des miracles ; l'Evangile l'accorde aussi au suaire de S.t-Paul (2), au corps de S.t-Pierre. (3) Les reliques des Saints furent l'objet d'une religieuse vénération dès le commencement du christianisme. S.t-Jérôme, S.t-Augustin, S.t-Cyrille combattirent les impies qui cherchaient, ainsi que Julien l'apostat, à tourner en ridicule ces choses saintes à cause de l'abus qu'on en faisait ; plusieurs conciles, notamment celui de Trente (session 25), recommandèrent le respect des reliques. De nos jours, n'avons nous pas vu un digne Prélat (4), dans la solennelle cérémonie de la translation des reliques de l'évêque d'Hypone, évoquer Augustin de son tombeau, après 14 siècles, pour bénir la terre africaine où la croix reparait aujourd'hui comme de son temps ! En effet, dit un écrivain (5), quel est celui de nous dont le cœur ne s'attache pas aux restes qu'il aura pu recueillir d'un père, d'un ami, d'une femme chérie ? Quel est celui qui ne serait pas satisfait d'avoir quelque chose d'Henri IV, de Sully ou de Montesquieu ? Ce qui est vrai dans l'ordre des sentimens humains, comment ne le se serait-il pas dans l'ordre des sentimens religieux ?

Les débris humains de S.t-Orens ont reçu et reçoivent encore les hommages du peuple.

Huesca voulut aussi avoir sa part dans la succession des mortelles dépouilles du grand Saint auquel cette ville avait donné le jour. Elle voulait joindre ce précieux dépôt aux

---

(1) Eccles. 49. — (2) Act. 19. — (3) Act. 5.
(4) M.gr l'archev. de Bordeaux, le 7 septembre 1844.
(5) M. de Montlozier.

reliques d'Orens le père et de S.te-Patience encore conservées
dans l'église de S.t-Laurent. (1.)

Un volume entier, écrit en Espagnol, a été consacré à re-
produire dans les plus minutieux détails la concession obte-
nue de la ville d'Auch.

C'est un curieux ouvrage, qu'on aime à relire dans nos
montagnes, où vivent encore toutes les traditions de la légende qu'il rappelle. En voici une simple idée : après un
récit de la vie du Saint, extrait des plus anciens bréviaires
d'Espagne, vient le 1.er livre qui raconte toutes les diffi-
cultés, toutes les négociations de Huesca pour obtenir du
chapitre d'Auch une faveur qu'Henri IV sollicita par dix lettres
écrites presque toutes de sa main.

Le 2.e livre raconte comment les reliques furent solen-
nellement retirées du corps de Saint-Orens, comment une
députation d'Espagne vint les chercher pour les ramener avec
pompe dans la patrie du Saint.

Le 3.e livre rapporte avec quelles cérémonies elles furent
accueillies à Huesca au milieu des fêtes et des réjouissances
publiques.

Le 4.e livre contient 6 sermons prononcés pendant l'octave.
(Les prédicateurs y parlent de tout, même de S.t-Orens,
mais ils n'en disent pas grand chose).

Le 5.e livre comprend les ouvrages couronnés par l'université d'Huesca qui avait ouvert un concours public sur ce sujet.
Un grand nombre de pièces remportèrent des prix dans six
genres de composition différens. Les vers sont très-curieux
et font plus d'honneur à l'imagination du poëte Espagnol
qu'au bon goût de l'époque.

Copions dans cet ouvrage rare un passage qui a pour nous
un intérêt de localité.

L'auteur Espagnol que je vais littéralement traduire, après
nous avoir appris que l'archevêque (2) d'Auch accompagna

------

(1) Au moment de l'entrée des Français en Espagne, sous l'Empire
un chanoine de Huesca, Dou Juan Herrando, aujourd'hui bibliothécaire
de Pau, fit retirer ces reliques de cette église située *extrà-muros*
pour les déposer dans la ville même.

(2) Cet archev. se nommait Léonard de Trapiès. Salvat d'Iharse
était évêque de Tarbes.

lui-même le premier jour, 18 septembre 1609, les reliques jusqu'au monastère de S.t-Sever, raconte ainsi leur passage à Tarbes (1) :

« Les saintes reliques reçurent en sortant de Saint-Sever les mêmes honneurs qu'en y entrant. Puis, elles continuèrent leur route vers Tarbes ; à trois lieues de la ville, l'Evêque se rendit à leur rencontre accompagné de cavaliers et de personnages distingués. Ce fut chose vraiment étonnante de voir tant de monde accourir : le nombre seul des messieurs à cheval s'élevait à plus de cent. Il y eut échange de grands complimens entre l'Archevêque et l'Evêque, et entre ceux qui les accompagnaient : les Français sont aussi généreux et aussi courtois que les Espagnols. Arrivé à une lieue de Tarbes, l'Evêque se détacha du cortège, afin de rentrer en ville avec sa suite pour paraître à la réception préparée aux saintes Reliques. Quand elles parurent à peu de distance, une magnifique procession s'avança au-devant d'elles. Le chapitre, le clergé, tous les moines marchant sur deux rangs, portaient des cierges allumés : les consuls, revêtus de leurs robes consulaires, tenaient les cordons d'un dais superbe sous lequel l'Evêque, paré de ses ornemens pontificaux, devait recevoir des mains de l'Archevêque la boîte contenant les précieuses reliques. Les douze syndics avec leur suite, chacun une torche de cire blanche à la main, précédaient le cortège : spectacle plein d'éclat et de magnificence ! L'archevêque avait pris place sous le dais : après lui venaient les Religieux de la ville, les cavaliers, les notables et une foule immense de peuple. C'est dans cet ordre que l'on se dirigea vers la cathédrale. Là, les reliques furent posées sur le grand autel admirablement orné et resplendissant des feux d'un riche luminaire. L'Evêque invita le soir à dîner l'Archevêque, les syndics, toutes les personnes de qualité qui suivaient les reliques et un grand nombre de notabilités de la ville. Le lendemain encore, il y eut un somptueux banquet.

Le vendredi matin, 18 du même mois, l'Archevêque célébra la messe ; un chanoine de Tarbes prononça un sermon

---

(1) Voir le même récit, moins complet, et écrit en Français du temps, MM. de Larcher, Glauages, t. 13. p. 327.

dans lequel il fit l'éloge du Saint ; il adressa ses félicitations à la ville d'Huesca, et prouva avec force et élégance la juste vénération que les reliques sont en droit d'inspirer. Il ajouta que les malheurs de la France pouvaient être attribués à leur profanation, et il appuya cette proposition sur divers exemples.

Lorsque l'heure du départ eut sonné, les reliques furent retirées de la cathédrale, et à leur sortie le même cérémonial fut observé qu'à leur entrée. A une assez grande distance de la ville, on fit halte dans une prairie bordée de beaux arbres, dont les frais ombrages offrirent un délicieux abri contre les chaleurs du jour. Là, se séparèrent des reliques l'Archevêque, l'Evêque, les consuls et tous les autres personnages qui les accompagnaient, après avoir échangé avec les commissaires Espagnols les complimens les plus tendres et les plus gracieux. Nous ne suivrons pas plus loin la description de ce pieux voyage : après avoir laissé à Coarraze le précieux dépôt, les députés de Huesca allèrent offrir, à Pau, leurs hommages au gouverneur, M. de la Force, qui leur fit le plus aimable accueil. La grandeur et les merveilles des magnifiques jardins du Château d'Henri IV les saisirent d'admiration. Malgré les agitations des guerres de Religion, les protestans de Nay et des Pyrénées oublièrent leur haine contre les Saints du catholicisme, pour accueillir avec respects les restes d'un ancien habitant de nos montagnes qui avait été non-seulement un grand Saint, mais qui fut encore un grand homme !

—

L'Espagne, l'Aquitaine, le Languedoc, la Bigorre, et des provinces même fort éloignées érigèrent des églises, des abbayes sous l'invocation de Saint-Orens. Le culte de sa mémoire se répandit partout. Vers 1130, Hugues, abbé de Cluny, bâtissant son magnifique monastère, n'oublia pas d'y consacrer une chapelle en l'honneur de notre Saint.

Son ermitage, toujours cher aux ancêtres de la vallée, fut l'objet d'une longue vénération. Ces ruines que nous avons décrites sont les restes d'un couvent fondé sur la montagne pour éterniser le souvenir d'Orens en y continuant ses bonnes œuvres. Saint-Orens de Lavedan, mentionné dans les vieilles chartes sur le nom de *Sanctus Orientius de valle caprasiâ in Levitania*, fut fondé à une époque inconnue. Il fut, dès le temps les plus reculés, soumis à celui de Saint-Orens d'Auch. Il figure parmi les maisons dépendant de ce dernier dans une bulle du Pape Pascal « datée du 4.e jour avant les calendes de novembre 1105. » Lorsque l'abbaye d'Auch fut donnée à Saint-Hugues, celle du Lavedan fit partie de l'ordre de Cluni avec le consentement du comte Bernard et de l'évêque Heraclius. Les supérieurs quittèrent le titre d'abbés, pour prendre celui de prieurs. Il n'y avait que 6 moines, qui jouissaient d'un revenu de 1,200 liv.

Irai-je évoquant des souvenirs du temps passé, raconter la vie des pieux cénobites, qui là, dans la solitude des monts sublimes, passaient les jours et les nuits, à prier, à bénir, à faire le bien, à guérir l'âme et le corps, à cultiver l'esprit et le cœur du pauvre! Ces existences tranquilles, remplies par l'amour de Dieu, et par la charité, ne seraient-elles pas dans notre siècle tout-à-fait incomprises! Nul événement mémorable n'a troublé l'obscurité dans laquelle ils ont voulu vivre, dans laquelle ils ont voulu mourir! L'intérêt qui s'attache aux grands crimes est souvent refusé aux grandes vertus! Aussi, sans ramasser dans la mémoire du peuple ou dans la poudre des cartulaires de minutieux détails, bornons-nous à sauver de l'oubli quelques noms vénérables et à jeter en passant l'hommage d'un souvenir aux cendres des cénobites dont nous foulons les tombes brisées!

Abbés et Prieurs.

Quel fut le premier abbé de Saint-Orens? Son nom s'est perdu avec la date de la fondation du monastère. Le premier dont le nom est arrivé jusqu'à nous, c'est Asner de Buzum qui vivait du temps de la comtesse Faquille. Cette comtesse, fille de Mancion, était veuve de Donat Loup, qui avait reçu de Louis le Débonnaire vers 819 l'investiture du comté de Bigorre à titre de fief héréditaire mouvant de la couronne de France. Elle enrichit de ses libéralités Saint-Orens de Lavedan, et cet acte à la date de 820 nous est connu grâce à une copie faite en 1405 et que je possède. Cette charte si recommendable par sa haute antiquité mériterait une transcription littérale. On y voit que Faquille suivant les habitudes de l'époque où les fiefs de dévotion étaient si multipliés, donne à Saint-Orens, pour le repos de l'âme du comte Donat Loup, de la sienne, de celle ses garçons et de ses filles, et de ses parens afin qu'au jour du jugement, l'intercession du Saint leur obtienne la rémission de leurs péchés. Elle énumère les objets divers qu'elle concède ; ce sont des champs, des vignes, des livres et ornemens pour chanter la messe, un certain nombre de vêtemens sacerdotaux, et de vases d'église. Puis des bestiaux, 20 vaches avec leurs veaux, 6 jumens, 2 taureaux, 4 bœufs, des brebis, des porcs, un cheval et un âne, une cave, une grange, etc.

Les imprécations d'usage terminent l'acte en ces termes : « si moi, quelqu'un de mes fils, de mes filles ou des miens voulait tenter de revenir contre cette libéralité, qu'il encoure la colère céleste ! que de toutes les églises catholiques, il soit banni comme excommunié ! » Cette charte fut passée au mois de décembre sous le règne de Charles.

2. Sancio d'Aster.

Il était abbé vers 840. Son nom se trouve dans un acte confirmatif de la donation précédente, vieux titre que je possède encore. Le comte Daton Donat le nomma pour recevoir le serment des Seigneurs chargés de vérifier les limites et les consistances des biens donnés par Faquille. Ils affirmèrent la vérité de leurs paroles en jurant par six endroits de saints, savoir : S.t-Saturnin, S.t-Paul, S.t-André, S.t-Savin, S.t-Martin et S.t-Orens.

La liste chronologique des chefs du couvent éprouve ici une lacune.

En l'an 1000, Amélius II.e du nom, occupait le siège épiscopal de Tarbes. On croit qu'il appartenait à la maison de Lavedan. Dans un vieux titre qui est entre mes mains, il déclare qu'il a été évêque indigne en donnant son consentement et son approbation à l'union illicite de Louis comte de Bigorre avec Amerna sa parente au 3.ᵉ degré ; en expiation de ce péché, de sa transgression aux ordres du Pape et des crimes nombreux qu'il a commis, il abandonne tous les biens qu'il tenait du comte pour prix de sa lâche condescendance, et les offre à Dieu, à S.ᵗ-Orens, à S.ᵗ-Jean et à tous les Saints du même lieu. Cette donation était faite sous réserve d'usufruit en faveur de son parent Fortaner, vicomte de Lavedan, de Musola femme du vicomte, et de Garcie Fort leur fils. Ils étaient obligés de payer, pendant la durée de leur jouissance, une rente annuelle de X solidi le jour de Pâques ; après leur décès, la propriété entière devait revenir à Dieu, à S.ᵗ-Orens, à S.ᵗ-Jean et aux autres Saints dont les noms ou les reliques sont fêtées ou conservées dans cette église.

« Et si quelqu'un, est-il dit, voulait anéantir cette donation, qu'il encoure la colère de Dieu, et que sur lui retombent toutes les malédictions décrites dans l'ancien et le nouveau Testament, qu'il partage le sort de Dathan et d'Abiron, de Judas le traître et des autres impies, et qu'il soit damné pour toujours avec le diable et ses satellites au fond de l'enfer dans l'éternité. Amen ! »

Ces imprécations étaient plus terribles que celles de Faquille : elles produisirent moins d'effet. Les biens donnés par Amélius étaient trop à la convenance des vicomtes de Lavedan pour qu'ils les rendissent, ils préférèrent les garder et la rente annuelle due par de si grands seigneurs à un si petit monastère tomba bientôt en prescription.

Un autre titre du XI.ᵉ siècle mérite encore d'être signalé. Guillaume, vicomte, et son neveu Ramond Guarsia, vicomte aussi, accordèrent des immunités à ce couvent. Pour racheter leurs péchés, les péchés de leurs frères et de leurs enfans ; ils affranchissent de tout tribut le lieu de Saint-Orens de la vallée Caprésie. Les amendes pour délit sont dévolues au monastère, les limites de la franchise fixées, et la pêche du lac d'Isaby est réservée à *l'avoué* (1) ou supérieur du couvent qui

----

[1] L'instrument porte custos — Cela veut-il dire l'avoué, le défenseur du couvent, ou bien l'Abbé, le Prieur ? Les abbayes, les chapitres avaient jadis des avoués (Advocata, advocatio tutela negocii et

seul pouvait la permettre. Cette donation fut affirmée par tous les nobles du pays qui jurèrent la main sur les reliques du Saint, comme adjuteurs et défenseurs du lieu. L'acte se termine par des imprécations contre ceux qui attenteraient aux franchises concédées. La date est indiquée seulement par le nom du comte et de l'évêque de l'époque, elle doit être rapportée vers l'an 1064, car la donation de S.t-Lezer à l'abbaye de Cluny fut faite dans ce temps-là, et c'était sous le même comte et le même évêque.

3. Raimond.

Fray Ramon, prior de Sent-Horens, déclara le dimanche après la fête de S.t-Grégoire, en 1292, devant Pey de Bégole, les droits que le Seigneur de Castelloubon possédait comme viguier (1) jusqu'à l'échelle de Barèges, droits qui consistaient dans le tiers de toutes les amendes, dans toute l'étendue de sa juridiction.

Ce Raymond pourrait être le même que frère Raymond des Angles (2) qui, en 1313, était prieur et figure au mois de mai de cette année dans un compromis passé entre les habitans du lieu d'Ossey et *lo noble baron Mossenhor n'Ar-*

---

defensio collegii alicujus sacerdotalis Lexicon juris). Dans l'acte, les vicomtes de Lavedan semblent retenir pour eux la défense de Saint-Orens. Jérôme Bignon, sur Marculfe, assure que les Rois donnaient les Avocats aux Eglises, elles s'adressaient à eux pour les obtenir : il rapporte un diplôme du roi Clotaire, qui nomme Genguielf pour avoué de l'abbaye de Saint-Pierre de Bèze, à la prière de l'abbé Waldalène.

(1) On sait que les droits d'immunité dont les traces sont fort anciennes, consistaient dans la défense faite à tout officier public d'entrer dans les terres de l'immunité pour y exercer sa juridiction ou y faire aucun acte d'autorité ou exploit à justice. Les manquemens étaient punis par l'Avoué (advocatus), officier seigneurial qu'on rencontre dans les immunités ecclésiastiques au XI.e siècle, les abbayes surtout obtinrent une extension remarquable des privilèges d'immunités. Elles obtinrent la plénitude des pouvoirs judiciaires. « Par là commence la désorganisation des cantons de l'empire Franc. » Klimr. Hist. du droit public et privé des Franç., éd. de Warkœnig., t. I, p. 450 et suiv.

(2) Le livre vert le nomme Raymond de Savoliis.

naut de Lavedàa, senhor de Beucen, e madaïne na Beatrix mariée *avec n'Arsin de Navalhas filha que es deldïit Mossenhor n'Arnaut.* Les parties s'en étaient rapportées au jugement de Raymond.

4. Raimond de Beücen.

Des discussions vives relatives à des pacages troublaient la paix des habitans d'Arras et d'Arcisans-Avant. Des hommes vénérés et puissans dans la contrée intervinrent comme arbitres (*constituti* (1) *in ecclesiá de Arassio*) ils se constituèrent en tribunal dans l'église d'Arras, le 12 juin 1379 et le prieur de Saint-Orens fut un des juges ou rédacteurs de la transaction entre Bernard d'Arras seigneur de Castelnau et autres.

4. Thibaut de Confitte,

Sacristain de Saint-Orens d'Auch fut prieur de 1433 à 1442.

5. Aner de Lavedan,

Licencié en théologie, religieux de S.t-François, puis prieur de Saint-Orens était frère de Raymond Garsie, chevalier, seigneur de Lavedan, il gouverna le couvent de 1457 à 1478. Le chapitre de Tarbes le fit décréter au corps par le Parlement de Toulouse, il fut élargi par arrêt du 24 septembre 1473. (2)

6. Jean Fabri 1487.

C'était un chanoine d'Auch.

7. Pierre de Mediaville ou Megeville 1492 — 1493.

8. Arnaud de Pironibus 1494, sacristain d'Auch.

9. Bernard Fabri 1507.

10. Arnaud de Confita.

Il figure comme prieur dans les mêmes années que les deux précédens, qui peut-être dans son bas âge, adminis-

---

(1) Collect. du notaire Noalis, fol. 16.
(2) Gl. XIII, p. 218.

traient pour lui. Il bailla en ferme, le 8 décembre 1518, par acte de Dominique de Furcate, notaire d'Argelés, le prieuré et ce qu'il possédait à Juillan.

11. Jean Fabri 1527.

12. Jean de Pujo 1553. — 1668.

Prieur commenditaire de Saint-Orens, bachelier en théologie, il cumulait plusieurs dignités ecclésiastiques et son nom n'a laissé de trace que dans un arrêt du conseil d'Etat du 12 avril 1668, sur la présidence et préséance aux Etats de Bigorre.

13. Jacques de Pujo. — 1669.

14. Jacques d'Incamps, de Loubie.

Ce nom, un des plus honorables du Béarn, a brillé dans nos contrées, dans les armes et dans l'église. Archidiacre de la cathédrale de la Sède, il permuta avec son prédécesseur et nous le trouvons prieur, le 23 avril 1680.

15. Clément Dupont I.er,

Chanoine et vicaire-général de Tarbes, il fut prieur le 7 octobre 1695, et mourut en 1740.

16. Clément Dupont II.me du nom.

Neveu du précédent, il lui succéda par résignation et permuta en 1746.

17. Jean-François Coture.

Chanoine et archidiacre de Tarbes, il permuta avec Dupont, et fut bullé le 7 janvier 1747 ; il mourut en avril 1757. Il disputa la préséance aux Etats de Bigorre au commandeur de Bordères, mais ses prétentions ne purent triompher.

18. Jean Joseph Sifflart.

Religieux de l'ordre de Cluni, dans le prieuré de Mezin il requit celui de Saint-Orens comme vacant, mais il fut évincé par l'abbé de Surirey.

19. Surirey de Saint-Remi.

Après un procès contre le précédent son compétiteur, Surirey, chanoine de l'église de Paris, ayant obtenu gain de cause, trouva nos montagnes trop éloignées et fit, en 1761, une échange de notre prieuré pour des bénéfices plus rapprochés de la capitale.

20. Henri de Sales,

Abbé de Saint-Georges sur Loire, il était chanoine théologal de Lescar et conseiller au parlement de Navarre.

A mesure que nous avancions nous avions hâte d'achever cette série de noms, car les institutions monastiques, comme tout ce qui vient des hommes, devaient subir les altérations des siècles, et se ressentir, en vieillissant, de la décadence des mœurs. Les Prieurs n'habitaient plus la montagne, mais les moines y continuaient toujours leur œuvre de charité et de prière ! Un dénombrement présenté devant la Cour des comptes de Navarre, le 23 mars 1763, par le Prieur commendataire de Saint-Orens énumère les droits et propriétés du couvent.

Le Prieur possédait les seigneuries de Villelongue, Ortiac, Artalens. Il avait le pouvoir de créer un viguier et un baile, ainsi que cinq juges pour administrer la justice en son nom. Un moulin banal, la pêche du lac de Saint-Orens, la casadure ou redevances de fromages, un léger prix pour l'honneur d'être enseveli dans le cloître, l'église ou le cimetière, quelques fruits décimaux dans des villages éloignés, voilà ce que recevait le couvent dans la vallée ; mais en échange, il devait justice au pauvre comme au riche ; il devait assembler pour la délibération des affaires du pays tous les habitans des communes formant une petite république sous sa protection ; enfin, d'après l'art. 8 de cette pièce déposée au trésor de Pau, « A l'église bâtie sur la croupe de la montagne, cinq moines ou religieux de l'ordre de Cluny, ni plus ni moins, sont obligés de célébrer chaque jour la messe et de chanter les louanges de Dieu aux heures marquées par lesdites règles et statuts, et *d'y mener une vie religieuse et édifiante*...... Les seigneurs du jour voudraient-ils s'assujettir à cette dernière obligation ?

PAU, IMPRIMERIE DE É. VIGNANCOUR.